मैं, तुम और

कुल्हड़

वाली चाय

(काव्य संग्रह)

प्रियंका प्रियदर्शिनी

Book   : Main, Tum aur Kulhad Wali Chai

Author   : Priyanka Priyadarshini

Edition   : 1st (February, 2023)

ISBN   : 9789395391085

© Author

Published by

PRACHI
DIGITAL PUBLICATION

Regd. Add.: 254, Khuriyakhatta No. 10, Bindukhatta,
Lalkuan, Nainital - 262402, Uttarakhand, India
Website : www.prachidigital.in
E-mail : info@prachidigital.in
Contact : +91-976041-7980, 976041-8103

Printed by :

Manipal Technologies Limited, Manipal - 576104, Karnataka

अनुक्रमणिका

लेखकीय

यह मेरी स्वीकारोक्ति है – मैं आज भी प्रेम से इतर कुछ भी लिखना पसन्द नहीं करती हूं।अपनी पूर्व प्रकाशित काव्य संग्रह 'उलझने' से आगे बढ़ते हुए एक बार फिर प्रेम भरे कुछ ज्यादा पके व प्रेमिल शब्दों को सहेज कर एक नया काव्य संग्रह आपलोग के बीच ले कर आई हूँ और स्वयं ही प्रसन्नता से भरी हुई व गौरवान्वित महसूस कर रही हूँ।

'मैं, तुम और कुल्हड़ वाली चाय' के सारे प्रेम व शब्दों से भरी चाय की मिठास, मेरे प्रिय को समर्पित हैं।

यह संग्रह उन सभी लोगों को भी समर्पित है जिन्होंने किसी ना किसी रूप में अपने जीवन में किसी के लिए भी प्रेम का अनुभव किया है।

प्रेम इंसान को संपूर्णता का एहसास करवाता है। जीवन में लाख कमियां हो फिर भी अगर आपके जीवन में कोई सच्चा प्रेम करने वाला मौजूद हो तो आप स्वयं को दुनिया का सबसे भाग्यशाली और खुशनसीब इंसान महसूस करते हैं। मैं ईश्वर की शुक्रगुजार हूं कि मेरे जीवन में यह प्रेम मौजूद हैं।

प्रेम जीवन में उर्जा का स्रोत होता है। जब हम प्रेम में होते हैं तो हमें हमारी वास्तविक क्षमताओं का एहसास होता है ।प्रेम जीवन की कमजोरी भी साबित हो सकती है और ताकत भी। हमें अपने प्रेम को अपनी ताकत बनानी चाहिए।

प्रेम में कभी – कभी हमें उन परिस्थितियों का भी सामना करना पड़ता है जो हमें निराश और अवसादग्रस्त कर जाती हैं। पर जो आपसे सच्चे दिल से प्रेम करते हैं वो कभी भी आपको ज्यादा देर विपरीत परिस्थितियों में नहीं रहने देंगे। इसलिए प्रेम करें, विश्वास करें। साथ ही सच्चे प्रेम की

पहचान भी जरूर करें क्योंकि जो सच में आपको प्रेम करेगा वो आपको सही – गलत हर चीज की पहचान करवाएगा , आपको कभी भी अकेला महसूस नहीं करवाएगा और आप पर किसी भी बात के लिए दबाव नहीं डालेगा । जीवन के हर पल में वो आपके साथ किसी ना किसी रूप में खड़ा होगा । प्रेम आपको पूरी स्वतंत्रता देता है क्योंकि प्रेम अपने स्वतंत्र रूप में ही सबसे खूबसूरत होता है ।

और अंत में बस यही कहूंगी–

प्रेम लिखा है
बस प्रेम ही पढ़ना
और प्रेम को जीना . !

प्रियंका प्रियदर्शिनी

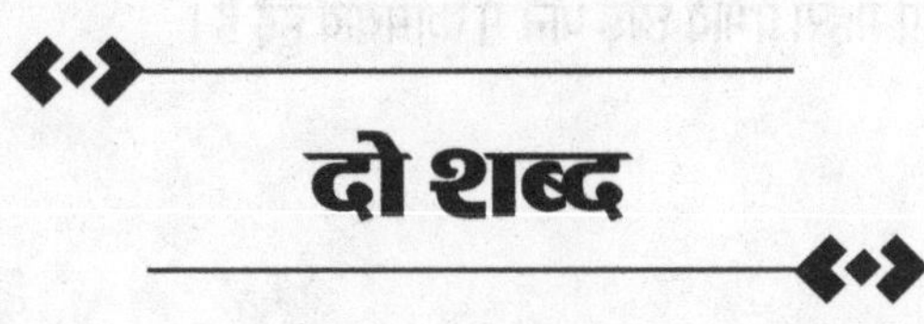

दो शब्द

एक युवा कवि जो शिक्षिका हैं, और अपने कार्य के प्रति बेहद लगाव रखती हैं, हर नए दिन में नई तरह की दिक्कतों का सामना करते हुए अपने विद्यालय के गरीब बच्चों के लिए कुछ न कुछ कर के दिखाना चाहती हैं, ताकि वो नौनिहाल अपने समग्र गुणों के वजह से जाने जाएँ। नवांकुर सदृश कवि प्रियंका, अपने सामाजिक कार्यों के प्रति सजगता के वजह से अपने क्षेत्र में ज्यादा जानी जाती है।

तो, अपने इन्हीं खास गुणों के साथ ही हर दिन वो जो भी नया रचती हैं उसमें दैनिक कार्यों के सामान्य पलों के घालमेल के साथ रचती हैं । वैसे भी शुरूआती दौर की कोई भी कवितायें या रचनाएँ बेहद संवेदनशील, मौलिक और दिल से निकले लफ्ज़ों से रचे होते हैं, जिन्हें उनके साधारण पर टटके शब्दों और प्रेम से लिपटे बिंबों के आधार पर पढ़ते हुए महसुस सकते हैं । सरल सहज शब्दों में लिखी कवितायें पढ़ते हुए बेहद अपनी सी लगती है, जो थपकी देते हुए दोस्ताना असर देती है ।

प्रियंका की कविताओं में अमूमन अँग्रेजी के बोलचाल वाले शब्दों का प्रयोग प्रवाह में हुआ है, जिस वजह से वो खलता नहीं है । उनके किताब का शीर्षक लोक लुभावन और प्रेम से सिंचित है, तभी तो तुम के साथ कुल्हड़ वाली चाय का कॉम्बो बनाती हैं । संग्रह में अनेकों ऐसी कवितायें हैं, जो ठहर कर पढ़े जाने का मांग करती हैं ।

प्रियंका के कविता संग्रह में एक खूबसूरत नारी का स्वर है, जिसमें उसके सुख-दुख, उसकी इच्छाएँ, उसके समर्पण, उसका विद्रोह, उसके समझ से बहते हुए भावों के इर्दगिर्द बुने गए शब्दों से बनी हुई कवितायें जो आपके मन की गहराइयों को छूने में समर्थ कोशिश करती है । एक भावुक कवि के अंदर की छटपटाहट बेहद सलीके से शब्दों में उकेरित होती दिखती है ।

इस संग्रह में कवि अपनी कविताओं के माध्यम से प्रभावित कर पा रही हैं । सीधी सरल भाषा में रची इनकी कविताएं गहरा प्रभाव छोड़ पाने मे कामयाब हुई है ।

बधाई उन्हें ।

मुकेश कुमार सिन्हा
कवि/संपादक
नई दिल्ली

प्रेम, जीवन और प्रियंका

" मैं, तुम और कुल्हड़ वाली चाय " शीर्षक अपने आप में एक प्रेममय वातावरण रच देता है। प्रेम, जो शायद मनुष्य के प्रारंभिक भावों में से एक रहा होगा, सभी रचनात्मक कार्यों का मूल है। चाहे जीवन को बेहतर बनाना हो या दुनिया को, सभी के मूल में है प्रेम। यह प्रेम हमारे जीवन के हर क्षण में स्पंदित होता है। यही स्पंदन हम प्रियंका की कविताओं में महसूस कर सकते हैं।

कुल्हड़, उसकी मिट्टी का रसायन, आक्सिटोसिन का महसूस होना और फिर मिट्टी की सोंधी खुशबू और फिर मिट्टी में मिलकर इंतजार की कल्पना आपको रोमांस में सरोबर कर देती हैं। रोमांस व्यक्तिपरक से समष्टिपरक महसूस होता है।

प्रेम और रोमांस का यह राग जीवन का राग है, जिसे प्रियंका की कविताओं में हम सुन सकते हैं ये कविताएं जीवन को लोकतंत्रीकरण की ओर ले जाती है। ये दो विपरीत परिस्थितियों के बीच उपजती हैं। समकालीन प्रतीकों के सहारे आपको सम्मोहित कर लेती हैं एक नए कवि की पूरी दुनिया इन कविताओं में आपके समक्ष खुल जाती है, जहां आपके आवाजाही की पूरी छूट है, खो जाने और मिल जाने की, डूबने और उबर जाने की, रोमांटिक होने और यथार्थ के सामना करने की पूरी छूट हैं, इसमें आपका वाहन, आपका साथी बस प्रेम है।

प्रियंका की कविताएं स्त्री स्वर की भी प्रतिनिधि हैं। जीवन को, पुरुष को, देश और दुनिया को इन्होंने कैसे देखा है, कैसे समझा है इसे प्रियंका के काव्यात्मक अभिव्यक्ति में हम संजीदगी के साथ महसूस कर सकते हैं।

विनय कुमार
प्रशासनिक अधिकारी/कला समीक्षक/लेखक
पटना।

मैं, तुम और कुल्हड़ वाली चाय

उसे ग्रीन टी पसंद है
और मुझे
कुल्हड़ वाली चाय की चुस्कियां ।

हमारे बीच का रिश्ता भी
है कुल्हड़ वाली चाय की
मिठास की तरह ही ।

जैसे कुल्हड़ का वजूद
मिट्टी से जुड़ा है,
ठीक वैसे ही मेरा वजूद
है तेरे होने से जुड़ा ।

जैसे अंततः कुल्हड़ मिट्टी में मिल कर
पर्यावरण को स्वच्छ रखती है,
ठीक वैसे ही तुम,
तुम्हारी भावनाएं मुझमें,
मेरे वजूद में खिलखिलाकर
मेरी सलाहियत बरकरार रखते हो ।

जैसे कुल्हड़ होता है केमिकल फ्री
ठीक वैसे ही तुम्हारे साथ की प्रीति से
मैं हो जाती हूं हर गम से फ्री ।

जैसे कुल्हड़ में मौजूद अल्कलाइन
एसिड नहीं बनाता और

हमें रखता है गैस मुक्त ,
ठीक वैसे ही तुम्हारे प्रेम का एंडोर्फिन
मेरे जीवन को करता है तनावमुक्त ।

जैसे कुल्हड़ वाली चाय से
भीनी–भीनी सी, सौंधी सी
खुशबू महसूस होती है,
ठीक वैसे ही तेरी मौजूदगी से
मुझमें ऑक्सीटोसिन के प्रवाह का अनुभव होता है!

जैसे कुल्हड़ एक ही होंठों की निशानी लिए,
मिट्टी के साथ मिल जाता है
अगले जन्म को,
ठीक वैसे ही सिर्फ तुम्हारी हो कर,
हर जन्म में,
मैं इंतजार करुंगी तुम्हारा……।

मेरे कान्हा

ना मैं राधा,
ना मैं रुक्मिणी,
ना ही मीरा,

पर तुम मेरे कान्हा हो!

जिसने मुझे राधा की तरह
सांसों में समा कर रखा है,

रुक्मिणी की तरह
जीवन में स्थान दिया है,

और मीरा की तरह
प्रेम में असीम भक्ति जगाई है!

मेरे कृष्णा – मेरे चंद्रा,
यूं ही मेरे जीवन में,
प्रेम के फूल खिलाएं रखना,
और बेइंतहा प्यार करना!

तुम्हारी बांसुरी की लय पर
मेरी सांसों का संगीत है,
तुम्हारी हर मुस्कुराहट में छिपी
मेरे जीवन की डोर है।

दुनिया की नजरों से बचाकर रखना,

मेरे कान्हा मुझे,
ये द्वापर नहीं कलियुग है........!!

मेरे कान्हा मुझे,
ये द्वापर नहीं कलियुग है........!!

एक बार फिर से मिलो

सुनो, एक बार फिर से
मिलो तुम मुझे!

लिखनी है फिर से
ढेरों कविताएं मुझे
तुम पर और तुम्हारे प्यार पर!

इसलिए एक बार फिर से
मिलो तुम मुझे!

लिखनी है कविताएं मुझे
हमारी पहली मुलाकात पर!

करना है फिर से महसूस मुझे
तुम्हारी मासूमियत को,
इसलिए लिखना है मुझे
तुम्हारी आंखों की चमक
और होंठों की मुस्कराहट पर!

एक बार फिर मिलो तुम मुझे
लिखनी है कविताएं मुझे
तुम्हारे छुअन और मेरे सिहरन के एहसास पर!

एक बार फिर से बेवजह ही सही
लड़ना व झगड़ना है तुमसे
क्योंकि लिखनी है कविताएं मुझे

मेरे रूठने पर और तुम्हारे मनाने पर!

लिखनी है कविताएं मुझे
तेरी यादों पर तेरे एहसासों पर
क्योंकि जीना है मुझे फिर उन लम्हों को
जो अब यादें बन कर रह गई है!

एक बार फिर से ढूंढना है मुझे
मेरा वजूद तेरे अंदर
इसलिए लिखनी है कविताएं मुझे
तेरे अंतर्मन पर!

असमानताएं

माना कि मुझे
खुद के रंगों को बिखेरना पसंद है,
और तुम्हें
खुद के रंगों में सिमटे रहना,
पर हमारी दुनिया
इन बिखरे और सिमटे रंगों से ही तो रंगीन होती है ना....!

माना कि तुम्हारी रातें
आती हैं मेरे हिस्से,
और मेरे दिल की उलझनें
आती है तुम्हारे हिस्से,
पर इन हिस्सों को जोड़ कर ही तो
बुनते हैं हम ख्वाबों की दुनिया!

माना कि तुम्हें
सुबह देर तक सोना पसंद है,
और मुझे
तुम को नींद से जगाना ,
पर इन्हीं सोने और जागने के बीच
ऑफ़िस जाने का भी वक्त हो जाता है ना...!

माना कि
तुम्हारी बीपी का लेवल हाई रहता हैं,
और मेरी बीपी का लेवल लो,
पर प्यार का लेवल तो हमेशा ही बैलेंस्ड रहता है ना....!

माना कि बहुत सी
असमानताएं हैं हमारे बीच,
पर सबसे समान हैं
हमारे बीच का असीम प्रेम,
जो हमें एक –दूसरे से मजबूती से बांध कर रखती हैं....

है ना......!!!

उदास दिल की निशानियाँ

कि मेरी आंखों में
जब काजल ना दिखें
तो समझ लेना कि
दिल बहुत उदास है!

मेरी बकबक से
जिस दिन तुम्हारा सिर ना दुखें
तो समझ लेना कि
दिल बहुत उदास है!

मेरे फेसबुक पर स्टोरी
बार–बार चेंज हो रहे हो
तो समझ लेना कि
दिल बहुत उदास है!

जब मैं लैपटॉप पर
घंटों काम करने के बदले
गाने सुनते दिखूं
तो समझ लेना कि
दिल बहुत उदास है!

मेरी स्कूटी की स्पीड
जब नार्मल प्वाइंट पर मिले
तो समझ लेना कि
दिल बहुत उदास है!

मैं मीटिंग्स में
अपना फोकस मोबाइल की स्क्रीन पर रखूं
तो समझ लेना कि
दिल बहुत उदास है!

मैं जब कुशल गृहिणी की तरह
रसोई में खाना बनाती दिखूं
तो समझ लेना कि
दिल बहुत उदास है!

इनबॉक्स

तुम्हारें इनबॉक्स में बैठकर
करती हूं इंतजार ऐसे,
जैसे लगता है ,
बैठे हो तेरी चौखट के बाहर!

पता है कि
नही करोगे एक भी मैसेज,
फिर भी निहारती हूं,
घंटों तेरे ऑनलाइन रहने का स्टेटस!

डीपी भी तेरी
जूम इन और जूम आउट करती हूं,
और बातें भी करती हूं तुझसे!

पर मेरे धड़कनों की आवाज
नहीं पहुंच पाती तेरे दिल तक…!

पर देती हूं दिलासा इस बात से
कमबख्त इश्क को,
कि क्या पता, शायद
तू भी इस इंतजार में होता है
कि धप्प से आ जाऊं मैं,
बनकर एक मैसेज तेरे इनबॉक्स में!

जिसे पढ़कर तू
मुस्कुरा कर हो जाता है ऑफलाइन,

और मैं करती रह जाती हूं
रिप्लाइज का इंतजार!

दे कर मुझे बेचैनियां,
शायद तू पाता है सुकुन,
पर यकीं नहीं होता इस बात पर
जब चेक करती हूं
अपने स्टेट्स की सीन लिस्ट!

मेरी लगायी हर स्टेट्स को कर के सीन
पर करता नहीं कोई रिप्लाई!

दिखाते हो मुझे कि कोई परवाह नहीं मेरी
फिर भी नजर रखते हो मेरी हर एक्टिविटी का!

कभी तो निकल आओ बाहर
अपनी बेपरवाह दुनिया से,
कितनी बेचैन हो कर बैठी हूं
तेरे इनबॉक्स में!

कभी तो मैसेज बन कर ,
नॉक कर दिया करो
मेरे दिल के दरवाजे पर ...!!

खुशनुमा जिंदगी

जिंदगी से
कुछ लम्हें चुराकर
जी रही हूं फिर से!

सबकुछ खुशनुमा–खुशनुमा सा
लग रहा है,
मिलकर तुम्हारे साथ!

फिर से यह दिल कह रहा है
कि जी लूं जिंदगी फिर से,
अब सिर्फ और सिर्फ तेरे ही साथ!

चल पड़े हैं प्यार के सफर पर
बिन कुछ सोचें – समझें,
बस हाथों में थाम कर तेरा हाथ!

ना मंजिल की तलाश है अब
ना ही सफर की थकान
बस सुकून ही सुकून है तेरे साथ!

तेरी बांहों के मजबूत घेरे
बस यही है अब दुनिया मेरी!

अब, बस चूम के लबों को मेरे
कर दो आजाद मुझे इस गमें जिंदगी से!

सोशल प्लेटफॉर्म्स

सोशल प्लेटफॉर्म्स पर
लाइक और कमेन्ट,
जरिया है बन चुका
अपनेपन के प्रदर्शन का!

पर तुम्हारे–मेरे बीच का संबंध
करता है नजरअंदाज यहां
एक दूसरे को!

सोशल मीडिया पर
देख कर तेरी तस्वीरें
घंटों आंखें बंद कर
महसूस कर लेती हूं तुम्हें!

पर एक भी बार
लाइक और कमेंट पर क्लिक
नहीं किया करती है मेरी उंगुलियां!

इच्छाओं को समेटे
मेरा वाचाल मन,
बतियाता है तुमसे खूब!

पर तुम से कुछ कहने की
जरुरत महसूस नहीं किया करता!

ऐसा भी नहीं कि

तुम को मेरी बातों में
कोई खास दिलचस्पी है,
पर नज़रअंदाज करने की कोई वजह
भी तो नहीं!

जी तो करता है,
अपनी पलकों को झुका
कर लूं आंखों में, तेरा प्रोफाइल लॉक
और सारी दुनिया से छिपा कर तुमको
करती रहूं ढेरों बातें!

अतीत से लड़ाई

बातों ही बातों में
जब अनायास ही
खुल जाते हैं
अतीत के पन्ने!

तब खिलखिलाती हंसी
छिप जाया करती है
गंभीरता के आवरण में!

सबकुछ ठीक
होते हुए भी
एहसास होता है
अन्मयस्कता का!

होंठों पर शब्दों की कमी
और दिल में धड़कनों का
खालीपन महसूस होता है!

ना चाहते हुए भी
मन यादों की
गलियों में बंजारा
बन जाता है!

खो जाता है
वजूद हमारा
फिर से उन

अंधेरी रातों में!

जब भी ऐसा हो
मेरे हमराज,
रखना तुम
थोड़ा सा धैर्य
और देना मुझे एकांत!

साथ ही रखना यह यकीं
कि मैं ही जीतूंगी यह लड़ाई
जो चल रही मुझ से मेरे ही अंदर!

जाने क्यूँ

पता नही क्यों
कब और कैसे
ये दिल खिंचा चला जाता है
किसी की ओर......

पता नहीं क्यों
जितनी भी कोशिशें कर लो
खुद को दूर करने की
उतनी ही नजदीक यह दिल,
खुद को पाता है उसके पास।

पता नही क्यों
जितना भी वक्त बिता लो साथ में
फिर भी कुछ कमी सी ही महसूस होती है।

पता नही क्यों
वक्त बेवक्त,
ख्वाबों में,
ख्यालों में हर वक्त
बस उसी का इंतजार होता है।

पता नहीं क्यों
वो सामने जब होता है मेरे
तो खामोशियों में भी एक शोर होता है ।

पता नहीं क्यों

होठों पर मुस्कराहट
आजकल बस उसी के नाम से होती है ।

जुड़ाव

कुछ जुड़ाव होते हैं स्वार्थवश,
जैसे कि हमारा जुड़ना!

असमानताओं के बीच,
समान उम्मीद कायम करना,
सूचक था किसी अंतहीन दर्द का,
जो अतीत में समाहित था।

तुम शायद प्रसन्नचित थे
मेरे आगमन से
और मैं बेहद हताश।

मन को बौद्धिकता,
और चोटिल हृदय को
पत्थर का आवरण चाहिए था
जहां अतीत की सर्द हवाएं प्रवेश ना पा सकें।

तुमने वो सबकुछ दिया
जो ठहराव के लिए अनिवार्य था।

शातिर मन स्वार्थ में डूबता चला गया,
तेरी बातों में सुकुन ढूंढने लगा,
तेरी शरारतों से जख्मों पर मरहम करने लगा।

क्योंकि खुद पर यकीन था
कि अब यह दिल ना पिघलेगा कभी

किसी और के लिए।

पर हर बार की तरह
इस बार भी,
झूठी तसल्लियां दे गया यह दिल।

एक बार फिर से
मुझमें नादानियों का दौर
शुरू कर रहा है यह दिल।

पर यकीं है इस बार
बंजारा दिल सुकून पा कर रहेगा,
क्योंकि हमारा कोई मेल नहीं।

हां, यह और बात है कि
दिल गुलाब की पंखुड़ियों की तरह
खिल जाता है,
तेरी मौजूदगी के एहसास से।

कभी-कभी धड़कनों की रफ्तार भी
धीमी–धीमी सी हो जाती है,
जब तेरी शरारतें आंखें बंद कर महसूस कर लेती हूं।

पर नजदीकियां हमेशा ही
दूरियों का परिचायक रही है मेरे जीवन में!

इसलिए दिल को रखना है दूर
इन स्नेहिल मनोभावों से!

ये और बात है कि चूम लिया था एक दिन
तेरी तस्वीर को चुपके से....!

जीना है तुम्हारे साथ

मुझे अभी और खुलकर जीना है
देखना है बहुत कुछ तुम्हारे साथ !

मुझे ऊंची-ऊंची पहाड़ियों में
गूंजती खामोशी को सुनना है,
उनके वक्ष पर बिछी झुरमुटों को आंखों में समेटना है!

मुझे कल-कल करारे झरने की आवाजें सुननी है
उस बहती जलधारा में अपनी प्रतिबिंब देखनी है!

हां, मुझे अभी बहुत कुछ देखना है तुम्हारे साथ।

मैं नंगे पांव उन्मुक्त होकर
समंदर की रेत पर
चांदनी रात में
ठंडी-ठंडी हवाओं के बीच
तुम्हारे हाथों को अपने हाथ में थामे घुमना चाहती हूं!

मैं एक साथ बहुत कुछ अनुभव करना
चाहती हूं तुम्हारे साथ...!

मैं चांद, धरती, रेत, समंदर ठंडी हवाएं
तुम्हारे प्रेम की गर्माहट
सब के सब एक साथ
महसूस लेना चाहती हूं..!

हां, मैं अभी भी बहुत कुछ देखना चाहती हूं तुम्हारे साथ,
हां मैं खुलकर जीना चाहती हूं
तुम्हारे साथ !

खर्राटों भरा प्यार

कुछ इस तरह से वो प्यार जताता है
मुझे नींद से जगा कर
वो खुद सो जाता है …!

न जाने कब
बातें करते हुए
उसकी आवाज
दब जाती है खर्राटों के शोर मे!

खुद भी तो पता नहीं चलता उसे,
और मैं घंटों सुनती रह जाती हूं
उसके अंदर से निकली हर एक ध्वनि को!

हां, मैं अभी भी सुन रही खर्राटों की
कभी तेज कभी धीमी आवाज
और महसूस कर रही बाहों का तिलिस्मी घेरा!

पल भर को भी
यह ख्याल जेहन में नहीं आता कि
उसे अकेले रहने दूं खर्राटों के साथ …!

क्योंकि वो हर एक पल में मेरा है
और सिर्फ मेरा है
और उससे जुड़ी हर एक बात प्यारी है मुझको।

उसका गहरी नींद में खर्राटे लेना

और मेरा जागते हुए उसे सुनना
बड़ा अजीब सा है ना !

वो भी नाराजगी जताता है इस बात पर
क्योंकि उसे फ्रिक होती है
मेरी नींद की, मेरे आराम की!

पर मैं कैसे उसे समझाऊ कि
उसके प्रेम में मुझे सोने से ज्यादा,
उसके साथ जागना पसंद है......!!!

खोने का डर

कभी –कभी लगता है
कि मैं खो ना जाऊं
अपनी टूटी सी
अधूरी सी
ख्वाहिशों की भीड़ में…!

खुद को समेट कर
दुनिया से अलग
बना ली थी एक चारदीवारी
अपने चारों ओर
कि दूर –दूर तक
कोई भी ख्वाब आंखों में ना जाग सकें…!

पर तुमने हर दरवाजा तोड़
दुनिया के सभी शोरों को खामोश कर
मुझे अपनी बांहों में समेट
सर पर हल्की थपकियां देते हुए
मेरी आंखों में
नींद के सहारे
सुंदर सा एक ख्वाब सजाया…!

और इन ख्वाबों में
ले रही अंगराईयां
वो तमाम ख्वाहिशें
जो काफी पहले जमींदोज हो चुकी थी…!

क्या यह संभव है कि
मैं इस ख्वाब से कभी ना जागूं
जो देख रही मैं तुम्हारी आंखों से ....???

मुझे पता है कि
मेरे सवालों का जबाब
तुम्हारे पास भी नहीं....!

फिर भी तुम्हें कसम है कि
मेरी इन आंखों की नींद को
यूं ही कायम रखना,
ताकि मेरी ख्वाहिशें
तुम्हारी बाहों में अंगराई ले सकें!!!

अंतर

कुछ तो अंतर है,
उस में और मुझ में....

वो टीवी देख कर या फिर सो कर,
अपनी थकान कम करता है ,
और मेरी सारी थकान
बस उसको देखकर दूर हो जाती है!

कुछ तो अंतर है,
उस में और मुझ में....

उसे मेरी लगातार फोन कॉल्स की घंटियां भी नहीं जगा पाती
और मैं उसकी मैसेज की एक बीप से जाग जाती हूं।

कुछ तो अंतर है
उस में और मुझ में......

उसे खाते हुए वेब सीरीज देखना पसंद है,
और मुझे खाते हुए उसे देखना पसंद है!

कुछ तो अंतर है,
उस में और मुझ में....

उसे सोते हुए कंबल को पकड़ना पसंद है,
और मुझे सोते हुए उसे जकड़ना पसंद है!

कुछ तो अंतर है,
उस में और मुझ में....

उसे अपने मोबाइल की प्राइवेसी पसंद है
और मुझे उस प्राइवेसी को कायम रखना पसंद है!

कुछ तो अंतर है,
उस में और मुझ में....

उसे मेरे लिए शॉपिंग करना पसंद है
और मुझे उसके पैसे बचाएं रखना पसंद हैं!

कुछ तो अंतर है,
उस में और मुझ में.

मुझे हर गम अपना उससे बांटना पसंद है
और उसे मेरे हर गम को खुशी में बदलना पसंद है!

कुछ तो अंतर है,
उस में और मुझ में.

उसे ऑफिस में जाकर काम में डूब जाना पसंद है
और मुझे काम करते हुए भी उसके ख्यालों में डूबे रहना पसंद है!

कुछ तो अंतर है,
उस में और मुझ में.

समझो मुझे

मुझे नहीं आता छुपाना
अपना गुस्सा
अपना जज्बात
अपनी भावनाएं!

तुम देखो
महसूस करो
समझो
मेरे हालातों को!

मुझे सबकुछ साझा करना है तुमसे,
मुझे नहीं बनना
त्याग और सहनशीलता की मूर्ति!

मुझे नहीं चाहिए तारीफें
कि मैं स्वार्थी नहीं!

मुझे नहीं चाहिए यह झूठ
कि बहुत ख्याल रखती हूं
तुम्हारी हर खुशी का!

हां मैं पागलों की तरह डूबी हूं
प्रेम में तुम्हारे
या फिर बीमार हो गई हूं प्रेम में!

मुझे नहीं समझ आ रहा अंतर करना,

मुझे बस संभाल लो,
थाम लो,
बहुत अकेला महसूस कर रही!

मेरे बहते आंसूओं को बस पोंछ दो
मुझे बस अपने पास रख लो
हर गम से दूर कर दो मुझे!

कोई नहीं है
तुम्हारे सिवा,
बस तुम हो हर जगह,
बस तुम हो
और मैं सिर्फ तुम तक।

घुटन

मुझे घुटन होती है
जब तुम पास नहीं होते उस समय
जब मुझे सिर्फ तुम्हारी जरूरत होती है …!

मुझे घुटन होती है
जब तुम साथ रहकर भी
मेरे पास नहीं होते हो ….!

मुझे घुटन होती है
जब तुम मेरी चुप्पी में भी
छिपी हुई चीखों को सुन नहीं पाते हो …!

मुझे घुटन होती है
जब तुम मेरी आंखों से निकलते आंसूओं में भी,
अपने लिए बेइंतहा प्यार को महसूस नहीं कर पाते हो …!

मुझे घुटन होती है
जब तुम संभव हो सकने वाली स्थितियों में भी,
अपना वक्त मेरे लिए निकाल नहीं पाते हो …!

मुझे घुटन होती है
जब तुम मेरे अकेलेपन के हालात में भी,
अपने प्यार का एहसास नहीं करवा पाते हो …!

मुझे घुटन होती है
जब तुम मेरी आवाज में दबी,

बेहिसाब दर्द को समझने की कोशिश नहीं करते हो ...!

मुझे घुटन होती है
जब तुम घंटों इंतजार के बाद आते हो
और मेरे उस इंतजार पर अपनी खीझ दिखाते हो!

मुझे घुटन होती है
जब मेरी बैचैन आवाज का जबाब
तुम रोबोटिक स्टाइल में देते हो ...!

मुझे घुटन होती है
जब मुझे एक पल के लिए भी लगता है कि
यह घुटन तुम्हारे मेरे बीच की नजदीकियां ना कम कर दें ...!

बस एक तुम्ही हो
जो मुझे बचा सकते हो इन सभी उलझनों से,
बस अब बहुत हुआ
मुझे बचा लो इस घुटन से ......!

बेमेल रिश्ते

एक युवा मन
और एक अधेड़ मन
नादानियों का नहीं,
संयोजन है परिपक्वता का!

सहज ही नहीं
होता यह आकर्षण,
छले गए विश्वासों
और अस्तित्व की चिंताओं
के बीच नींव बनती है
इस असमान एहसासों की!

ऐसे बेमेल रिश्ते
हमें बचा लेते हैं
प्रेम के बनावटी चोचलों
और अंतहीन अवसादों से!

रखा जाता हैं ख्याल
ऐसे जैसे कि
होते हैं दोस्त व प्रेमी
और कभी-कभी
एक सख्त गार्जियन भी!

फिर क्यूं ना
इस असमानता को ही
जी लूं मैं भरपूर,

और रख कर किनारे
अपने बोझिल मन को
सर टिका दूं तेरे कांधों पर
और तुम भी
हौले हौले थपकियां देकर
सोने देना इस युवा मन को!

बंधन

कभी कभी सोचती हूं
कि क्यूं बांध दिया गया है!

कुछ शब्दों को,
कुछ रंगों को,
कुछ नियमों को!

किसी व्यक्ति विशेष के लिए,
किसी धर्म विशेष के लिए,
किसी जाति विशेष के लिए!

आई लव यू तो है प्रेम का एक्सप्रेशन
जो है हर रिश्ते का आधार,
फिर इन तीन शब्द के समूह को,
क्यों सीमित रखा है प्रेमियों के लिए!

हरी-हरी हरियाली से
ढकी है सारी धरती हमारी,
फिर हरे रंग से वैमनस्यता
क्यों रखी है सारी दुनिया में फैलाकर!

आधी आबादी के बदौलत
टिकी है यह दुनिया सारी,
फिर भी वह जीना चाहें अपनी बदौलत
तो क्यों होती हैं सामाजिक नियमों की वकालत!

क्या बतला सकते हो मुझको
क्यूं करती है दुनिया ऐसी द्वैतता!

जब प्रकृति है करती समान पोषण
फिर हम क्यों बन जाते हैं असमानता के ज्ञापक?

तेरा शहर

जब तुम साथ थे,
तो तुम्हारे शहर आने के बहाने ढूंढा करते थे!

आज जब तुम साथ नहीं हो,
तो तुम्हारे शहर से जाने के बहाने ढूंढा करते हैं!

कितना अजीब होता है ना,
साथ हो कर भी साथ नहीं रह पाना!

बेवजह की वजहें,
बन जाती है नजदीकियों के बीच की दुरियां!

कभी कभी प्रेम की मौजूदगी भी
नही तोड़ पाती अहं की दीवार!

कहने– सुनने को तो
बातें हैं कई तुमसे, पर खैर छोड़ो …!

बस एक बार बता दो कि
क्या मैं अब सच में ना करूं तुम्हारा इंतज़ार …….!

तुम से पुछूंगी

कभी-कभी सोचती हूं कि पुछूंगी तुमसे!

कि जैसे मैं करती हूं तुम्हारा घंटों इंतज़ार,
क्या इस तरह तुम भी कभी कर पाओगे मेरा इंतजार!

कभी-कभी सोचती हूं कि तुम से पुछूंगी!

कि मेरी सांसें जैसे बेचैन होती है तुम्हारे प्रेम में,
क्या तुम भी कभी कर पाओगे महसूस वैसी ही बेचैनी मेरे लिए!

कभी-कभी सोचती हूं कि तुम से पुछूंगी!

कि जैसे मैं नींदों में भी जागी-जागी सी होती हूं,
क्या तुम भी कभी अपनी नींदों में जाग पाओगे मेरे लिए!

कभी-कभी सोचती हूं कि तुम से पुछूंगी!

कि जैसे मैं समझती हूं तुम्हारे प्रेम की गहराई को,
क्या तुम भी कभी मेरे प्रेम की गहराई माप पाओगे!

कभी-कभी सोचती हूं कि तुम से पुछूंगी!

कि जैसे मैं भूला देती हूं सारी दुनिया को तुम्हारे लिए,
क्या तुम भी कभी भूल पाओगे इस दुनिया को मेरे लिए!

कभी-कभी सोचती हूं कि तुम से पुछूंगी!

कि जैसे मेरे लबों पर सिर्फ तेरा ही नाम आता है,
क्या तुम भी कभी रख पाओगे सिर्फ मेरा नाम अपने लबों पर!

कभी-कभी सोचती हूं कि तुम से पुछूंगी!

मेरी दुनिया

कभी–कभी
सोचती हूं,
मैं इस दुनिया की नहीं!

मुझे लौट जाना चाहिए,
अपनी दुनिया में!

पर मैं,
खो चुकी हूं रास्ता,
वापस लौटने का!

हर दरवाजा मुझे,
एक नई दुनिया में,
लेकर चला जाता है!

थक हार कर,
जब बैठ जाती हूं,
तो आता है ख्याल…!

कुछ और ना सही,
तो कम से कम,
लौट जाती उस सुरक्षित
ममतामयी आंचल की गोद में ही,
जो बचा कर रखती थी,
दुनिया की सारी बलाओं से!

या फिर से मिल जाती,
सर्द मौसम में,
पापा की वो लोई वाली गुफा,
जिसमें छिपाकर हम बचा लिए जाते थे,
मां के गुस्से और
ट्यूशन वाले सर की डांट से!

पर अब सब दरवाजे
बंद पड़े हैं,
ना पापा की लोई है,
और ना मां का आंचल!

सिर्फ भींगा पड़ा है
तकिये का वो गुलाबी कवर...!

लोई– एक प्रकार की ऊनी चादर।

उम्र

तजुर्बों की उम्र
पके हुए बालों की उम्र से कहीं अधिक होती है!

किस उम्र की सुनोगे मुझसे,
हर उम्र में एक नई कहानियां थी!

जब उम्र थी
यौवन की दहलीज पर खड़ी,
मैं भूमिका अदा कर रही थी
एक सख्त आदर्शवादी मार्गदर्शक की!

जब उम्र थी
सतरंगी सपने सजाने की,
मैं खुद को मजबूत कर रही थी
समाज के खोखले नियमों और अपेक्षाओं से लड़ने को!

जब उम्र थी
एक सुकुन भरी परिपूर्ण जीवन जीने की,
मैं संधर्षरत थी अपने अस्तित्व
और आत्मसम्मान की तलाश में!

और आज जब उम्र हुई है परिपक्वता की
तो मैं कोशिश कर रही
अपने अतीत के बिखरे पन्नों को समेटने की!

बीते साल

साल बदल गया
और तुमसे मुलाकात
बीते साल की बात हो गई!

तुम्हारी बातें
और तुम्हारा ख्याल
अब यादों की बारात हो गई!

रातों का जगना,
अश्कों का बहना,
अब नादानी की बात हो गई!

होंठों का हंसना
और दिल का खिलना
अब बाग में पतझड़ सी हो गई!

ख्वाबों की शुरुआत
और तेरी पहली मुलाकात
अब आखिरी सी हो गई...!

कविता

हर उस व्यक्ति के लिए
लिखी मैंने कविताएं,
जो मौजूद ही नही था
मेरे जीवन में!

रहकर आभासी दुनिया में
ढूंढ़ती रही मैं
वास्तविक खुशियां!

तुम से सुबह-शाम
की परिकल्पना कर
मैं भूल बैठी
उगते सूरज की
रोशनी से आंखें मिलाना
और चंदा की चांदनी को निहारना!

मेरे हृदय की जमीं पर
सिर्फ तुम्हारे ही पदचिह्नों की
छाप अमिट रह गई!

जिसे कभी अपना
माना ही नहीं मैंने,
पूरी की पूरी
मैं उसी की होकर रह गई......!!!!

वादा

काश! मैं कर पाती एक वादा,
अपने नाज़ुक दिल से
कि अब कभी इसे टूटने ना दूंगी !

काश! मैं कर पाती एक वादा
अपनी खूबसूरत आंखों से
कि अब और इसे बहने ना दूंगी!

काश! मैं कर पाती एक वादा
अपनी जिंदगी से
कि अब और इसे बिखरने ना दूंगी!

काश! मैं कर पाती एक वादा
अपने सपनों से
कि अब कभी इसे टूटने ना दूंगी!

काश! मैं कर पाती एक वादा
अपने अपनों से
कि अब कभी उन्हें रूठने ना दूंगी!

काश! मैं कर पाती एक वादा
अपने टूटे पंखों से
कि अब कभी हौसलों की उड़ान नीची ना होने दूंगी!

काश! मैं कर पाती एक वादा
अपने आप से

कि अब कभी तुम्हारी याद में नींदों को खराब ना होने दूंगी!

काश! मैं कर पाती एक वादा
हमारे बीच के प्रेम से
कि अब कभी एक-दूसरे के दिलों को ना चोट पहुंचने दूंगी!

पूर्वाग्रह

महिलाएं ना जाने कितने ही
पूर्वाग्रहों से ग्रस्त होती है!

और इन सबके बीच
वो खो देती है कुछ अच्छे लोगों को भी!

जो उन्हें जिंदगी के प्रति
अपने आप के प्रति,
अपनी क्षमताओं के प्रति,
बेहतरीन महसूस करवा सकते थे......!

पर क्या सच में
यह पूर्वाग्रहों का जो जाल है
उसे महिलाओं ने ही रचा – बसा है?

शायद नहीं!
इस दुनिया ने
महिलाओं को जो अनुभव दिए,

परिवारों में
जो बचपन से ही घुट्टियां पिलाई गई,

कार्यस्थलों पर
जो असहजताएं मिली,

इनबॉक्स में

अनचाहे मैसेजस की जो लिस्ट भरी,

हर छोटी बड़ी बातों पर
जो लोग जजमेंटल बने,

सब के सब,
कहीं न कहीं पूर्वाग्रहों का यह जाल बिछाया,

और इसकी डोर को
महिलाओं ने कसकर दबाए रखा है आजतक,

कि कोई उन्हें ,
उनकी बेबाकी को,
उनकी अभिव्यक्ति से
कोई उनका चरित्र चित्रण ना कर दें!

उनके लिए कोई धारणा ना बना लें!

और इस तरह से कई अच्छे मित्र
बनने से पहले ही अलग हो जाया करते हैं!!!

पुरुष

मुझे नहीं पता
वो कौन पुरुष है
जो करते है जीना मुहाल
महिलाओं का।

मैं जानती हूं
उस पुरुष को
जो झेलता है सारी मुश्किलें
मेरी एक मुस्कराहट के लिए!

मुझे नहीं पता
वो कौन पुरुष है
जो नहीं निभाते
वो सारे वचन
जो लिए गए होते हैं
अग्नि को साक्षी मानकर!

मैं जानती हूं
उस पुरुष को
जो निभा रहा है
वो सभी वादें
जो उसने कभी किए भी नहीं थे।

मुझे नहीं पता
वो कौन पुरुष है
जो जलते हैं महिलाओं की उपलब्धियों से!

मैं जानती हूं सिर्फ उस पुरुष को
जो मेरी सफलताओं को
रखता है अपनी आकांक्षाओं से उपर!

पुरुषों की दाढ़ियां

पुरुषों की दाढ़ियां
और संघर्षरत जीवन में
होती है कई समानताएं!

क्या कभी सोचा है
पुरुषों की दाढ़ियों के बारे में
कि क्यूं होती हैं
कभी यह टोटली क्लीन
तो कभी बेतरतीब
बिखरी सी–बढी सी
तो कभी करीने से सेट की हुई!

नही सोचा ना कभी
तो अब सोच कर देखो,
हो सकता है बहुत कुछ
मिल जाए ज्ञान जीवन का!

जैसे वक्त नहीं रुकता कभी
वैसे ही कितनी ही क्लीन करा लो
फिर भी अहले सुबह दिख जाएंगी
पुरुषों की दाढ़ियां खुद को
पुनर्जीवित करने के प्रयास में!

ठीक वैसे ही जैसे
एक जिम्मेदारी खत्म होने के बाद
दूसरी जिम्मेदारी कंधे पर सवार हो जाती है पुरुषों के!

रोज–रोज की सेविंग
सूचक है इस जद्दोजहद की
कि लड़ना है हमें हर हाल में
जीवन के सभी संघर्षों से!

कभी कभी देख कर
बेतरतीब ढंग से बढ़ी दाढ़ियों को
आता है ख्याल कि थका हुआ तो है पुरुष
पर हारा हुआ नहीं,
एक दिन पुरे जज्बें के साथ लड़ी जाएगी जंग
और चेहरे के साथ साथ
समस्याएं भी हो जाएंगी क्लीन!

पर जब भी देखती हूं
करीने से बढ़ी दाढ़ियों को
जिसे बड़े जतन से शेप दिया जाता है,
कही न कही सूचित करता है
कि जीना सीख लिया है पुरुषों ने
जीवन के संघर्षों के साथ,
और बड़े मजे में कट रही जिंदगी।

प्रतिनिधि

कुछ लोग होते हैं,
ईश्वर के प्रतिनिधि,
जो करते हैं,
मानव जीवन को सरल!

इन्हीं, जमीन से जुड़े लोगों के कारण,
फैलती है जीवन में,
उम्मीदों की किरण,
और कभी नीची नही होती
हौसलों की उड़ान!

ऐसा ही कुछ,
"ललित" व्यक्तित्व है उनका,
जो करते हैं संचार,
सबके जीवन में नवीन ऊर्जा का !

ज्ञान पर अपने
कभी अभिमान ना कर,
देते हैं शिक्षा वो,
सबको स्वाभिमान का!

चुनौतियों को,
अवसरों में बदल,
कर देते हैं सबकी कायापलट!

सफलताओं का बीज बोते हैं वो सब में

और फिर लहलहा उठती है खुशियों की फसल!
धन्य है हम,
सान्निध्य प्राप्त कर उनका!

प्रतिभाओं को निखार कर,
यूं ही कीर्ति फैलाते रहें,
जनमानस के हृदय पर,
मानवता की अमिट स्याही लगा,
हृदय सम्राट बन, राज करें! राज करें!

इंतजार

'इंतजार' मुझे हमेशा हताशा व निराशा के
गर्त में धकेल दिया करती है,
फिर भी मैंने हर बार
तुम्हारे प्रेम में 'इंतजार' वाले विकल्प को ही चुना....!

तुम्हारा घंटों के इंतजार के बाद आना
और कुछ मिनटों में चले जाना
मुझे बहुत बैचैन कर जाता है
फिर भी मैंने हर बार
घंटों साथ बिताने की उम्मीद के साथ
अगली शब और सुब्ह का इंतजार किया....!

तुम्हारा बात-बात पर गुस्सा व नाराजगी दिखाना
मुझे गहरे अवसाद में ले जाता है
फिर भी मैंने हर बार
नाराजगी के बाद वाली
'बेइंतहा प्यार' के इजहार का इंतजार किया....!

तुम्हारा बात करते हुए खर्राटें लेने लगना
और सुबह देर तक सोते रहना
मुझे उदास कर जाता है
फिर भी मैंने हर बार
तुम्हें नींद से जगाने के लिए
एक प्रेमपूर्ण सुबह का इंतजार किया....!

मेरी फिजूल की बक – बक पर तुम्हारा कुछ ना कहना

और चुपचाप मुझे सुनते जाना
मुझे असहज कर जाता है
फिर भी मैंने हर बार
खुद की वाचालता बंद करवाने के लिए
अपने होंठों पर तुम्हारे होंठों के रखने का इंतजार किया....!

खुशियों के मोती

तुम्हारा साथ
ले जाता है मुझे
एक ऐसी दुनिया में
जहां बिखरे होते हैं
सिर्फ और सिर्फ
खुशियों के मोती!

मैं अपनी अचरज भरी
निगाहों से देखती रह जाती हूं
और तुम एक –एक कर
उन खुशियों के मोती को
समेट कर भरने लगते हो
मेरे आंचल में!

वक्त बहुत होता है कम
फिर भी मेरा दामन
खुशियों की मोती से भर
तुम करते हो वादा
मेरी मुस्कराहट बरकरार रखने का!

पर मेरा दिले–नादान
चाहता है उन मोतियों को एक धागे में पिरोना
और डाल कर गले में तुम्हारे
सिर्फ तेरा ही हो जाना!

वजह

मुझे कोई भी
ऐसी वजह ना देना
जो लाएं एक पल के लिए भी
दूरियां तुम्हारे–मेरे बीच!

मुझे कोई भी
ऐसी बेबसी ना देना
जो मुझे मजबूर करें
अपनी हालातों से समझौता करने को!

मुझे कोई भी
ऐसी हकीकत ना देना
जिसे सुनकर टूट जाऊं मैं
और फिर कभी जुड़ने की हिम्मत ना जुटा सकूं!

मुझे कोई भी
ऐसा ख्वाब ना देना
जिसे तुम पूरा ना कर सको
और मैं खो कर रह जाऊं ख्वाबों की दुनिया में ही!

मुझे कोई भी
ऐसा गम ना देना
जो छीन ले मेरी मुस्कराहट
मेरी उन लबों से जिसपर सिर्फ तुम्हारा ही नाम है!

सर्दियां और तुम्हारी यादें

सुनो,
मौसम सर्दियों का चल रहा है,
पर तुम्हारी यादों की गर्माहट
आज भी फैली है चारों ओर!

इन सर्दियों में,
जबकि तुम पास नहीं हो मेरे,
आंखें बंद कर महसूस रही
कि एक चादर में लिपटे हुए हम
हाथों में कॉफी मग को थामे
बैठी हुई हूँ तुम्हारे बाहों के घेरे में!

कॉफी की चुस्कियां भी उतनी गर्म नही
जितनी की तुम्हारी सांसों की गर्मी
मेरे कंधे पर महसूस रही!

सुनो ना,
मुझे बस डूबे रहने दो
अपनी आती–जाती इन गर्म सांसों को महसूस करने में...!

मेरी जिंदगी हो तुम

मेरी जिंदगी में
हर रौशनी
हर मुस्कान
हर चमक
की वजह
सिर्फ तुम हो।

मेरा दिल
सबके साथ
होते हुए भी
बहुत अकेला था।

मेरी जिंदगी की
हर तन्हाई को
महफ़िल बनाने
की वजह
सिर्फ तुम हो।

बिन तुम्हारे
कुछ भी महसूस नहीं कर पाती
हर खुशी बेमानी लगती है।

काश! मेरे ख्यालों के
हर पल में जैसे होते हो तुम
ठीक वैसे ही मेरी जिंदगी में भी रह पाते।

मैं बेचैन
अधूरी
तन्हा
महसूस करती हूं खुद को
मैं अपने हर पल में
बस चाहती हूं तुमको।

लिखते हुए ये बातें
आंखों से निकल रहे आंसू
गालों पर ढुलक कर
मेरी बेबसी का एहसास कराते हैं।

मुझे नहीं पता
कब
कैसे
तुमने मुझे समेट लिया
सिर्फ अपने आप में
जहां से फिर
मुझे और कुछ भी
ना देखने
और सुनने की
जरूरत महसूस होती है।

मैं बस तुम्हारी
और सिर्फ तुम्हारी
बन कर रहना चाहती हूं।

मुझे मत कहो

किसी और की बाहों में
सिमटने को,
यह मेरे प्यार
मेरे समर्पण
पर एक गाली है।

मुझे नहीं पता
मैं सही हूं या गलत
पर मैं सिर्फ तुम्हारी हूं
और तुम्हारा प्रेम
मेरी सांसें
मेरा सुकून
मेरा जीवन है।

मैं खुश हूं कि
तुम्हारे पास
और भी लोग हैं
जो तुम्हारे जीवन में
खुशियों की वजह बनते हैं।

पर मेरे पास
सिर्फ और सिर्फ तुम हो,
मुझे हर रिश्ते का
सबकुछ
सारा प्यार
बस तुम से चाहिए।

मैं ज्यादा मांग रही

पर सिर्फ तुम से मांग रही
मेरा इतना तो हक बनता है ना तुम पर।

मुझे नहीं पता
तुम कितना समझ रहे मुझे
पर मैं वो सबकुछ
कर सकती हूं तुम्हारे लिए
जो तुम्हारे यकीन के लिए काफी हो
कि मैं सिर्फ तुम से प्यार करती हूं
और बेशुमार करती हूं।

मुझे माफ करना
मैं आंसूओं के सैलाब
के साथ लिख रही
पर मैं सचमुच दुःखी हूं
अपनी बदकिस्मती पर
कि मैं सिर्फ तुम्हारी हो कर भी
तुम्हारे लिए बेतहाशा तड़प रही!

भावनाओं का शॉपिंग कार्ट

औनलाइन शापिंग की कार्ट में,
बहुत सारी है जमा विश लिस्ट,
जिसे मैं खरीद तो नहीं सकती
पर पसंद आने पर कर देती हूं 'एड टू कार्ट' !

इस उम्मीद में
शायद कभी ये चीजें ले पाऊं!

पर महीनों बाद भी
जब आर्डर नहीं कर पाती
अपनी पसंद की चीजें
और अंततः करना पड़ जाता है रिमूव
कार्ट के आइटम्स!

ठीक उसी तरह
तुमसे बेइंतहा प्यार करने के बावजूद भी,
जब नहीं मिल पाता
वो प्रेम
वो समय
जो मुझे मिलना चाहिए!

तब दिल को उस कार्ट के आइटम्स की तरह तसल्ली देकर,
अपनी ख्वाहिशों को
करना पड़ जाता है रिमूव!

और मैं पेश आती हूं

एक समझदार प्रेमिका की तरह,
जिस पर तुम्हें ढेर सारा प्यार आता है!

पर वो मासूम दिल अंदर से चीख रहा होता है,
जिस पर तुम्हारी नजर भी नहीं जाती ।

मेरी समझदारियां
मेरी खामोशियां
प्रतीक है मेरी बेबसी की,
मेरे घुटन की,
मेरे मन की चीत्कार की!

शायद ही तुम समझ पाओ इसे.....!

ऑफिस

ऑफिस से लौटकर
वो आजकल
चुपचाप सी लेट जाती है बिस्तर पर!

नही ... !
शरीर नहीं थकता उसका
दिन भर के काम से !

थक जाता है उसका मन
उस माहौल से
जो उसे सहज महसूस नहीं करवाता ...!

उसका थका मन
निढाल हो गिर जाता है बिस्तर पर ...

और फिर तकिए को भींच कर
छुपा लेती है वो अपना चेहरा घंटों उसके अंदर ...!

प्रेम का नाम

प्रेम को सब ने
अलग –अलग नाम दिए!
किसी ने त्याग,
किसी ने विश्वास
किसी ने दोस्ती
किसी ने भक्ति
किसी ने छलावा
किसी ने लाइलाज रोग
किसी ने सुख
किसी ने पीड़ा
किसी ने अमृत
तो किसी ने राधा–कृष्ण का नाम दिया!
पर मैंने तुम्हारे प्रेम में
प्रेम का नाम
तुम्हारी आंखों की मुस्कुराहट को रखा है!

प्रेम के तरीके

जिस तरह करती हूं
मैं प्रेम उसे,
यह जरूरी तो नही
कि वो भी मुझसे करें!

मैं बोल –बोल कर जताती हूं
अपना प्रेम
और वो लबों को खामोश किए
आंखों से प्यार जताता है!

मैं उसके हर मैसेज का रिप्लाई
देती हूं मिनटों के अंदर
पर वो घंटों बाद भी
मेरे मैसेज सीन नहीं कर पाता है!

वो मेरी बाहों में सो कर चैन से
ख्वाब देखना चाहता है,
और मैं जाग कर उन ख़्वाबों को
हकीकत में देखना चाहती हूं!

वो दुनिया की हर एक खुशियां
मुझे खरीद कर देना चाहता है,
और मैं सिर्फ उसका चेहरा देखकर
खुश होना चाहती हूं।

उसे फुर्सत नहीं होती

मेरी बेचैन धड़कनों को सुनने की,
पर जब भी होती हूं साथ
वह औफिस से आते ही मुझे गले लगाता है!

वो कुछ नहीं कहता है
मेरी फिजूल की बक बक पर,
बस अपने होंठों को मेरे होंठों पर रख
कर देता है मेरी सारी शिकायतें दूर!

कविताओं का सृजन

मैंने महसूस किया है
कोई भी कविता
तभी लिखी गई
जब सबकुछ
होते हुए भी
कुछ खालीपन था!

जब सब कुछ
पूर्ण अवस्था में हो
तो सृजन की
गुंजाइश नहीं होती!

शायद
कविताएं भी कुछ इसी तरह लिखी जाती है!

कहीं न कही एक कोना
होता है खाली
जो देता है जगह
और जमीन लिखने की,
खुलने की,
खुद को जानने की,
समझने की,
कि आखिर कहां है हम
और क्या हो रहा है
इस ग़मे जिंदगानी में!

मैंने कभी भी संपूर्णताओ में कुछ नहीं लिखा,
क्योंकि मेरी कलम ने
अधूरेपन को ही अपना साथी बनाया!

ठीक उसी तरह जैसे,

प्रेम की शुरुआत पूर्णताओं में नहीं,
बल्कि अपूर्णताओं से शुरु होती है।

दशमलव की दीवार-2

उसे गणित पसंद थी
और मुझे साहित्य!

वो संख्या का परिमाण मापता
और मैं भावनाओं की!

उसके लिए था प्रेम ढाई अक्षर
और मेरे लिए प्रेम धरती–अंबर!

रुचियां भले ही एकरूपता लिए ना थी,
पर, भावनाओं में समरूपता बनती जा रही थी!

कभी–कभी विज्ञान की कक्षाएं भी आकर्षित करती,
पर, इलेक्ट्रॉन सरीखे प्रेम में
मैं प्रोटॉन और तुम न्यूट्रॉन जैसे थे!

सबकुछ खुशनुमा सा था,
प्रेम की प्राकृत संख्या,
आरोही क्रम में बढ़ती जा रही थी!

पर हमारे अहं ने
इस अविभाज्य प्रेम को
दशमलव की दीवार खड़ी कर
विभाजित कर दिया!

हमनें नहीं पी कुल्हड़ वाली चाय

पटना की सड़क किनारे
न्यू सचिवालय की ओर
पी थी हमनें कुल्हड़ वाली चाय!

ना तुम साथ थे
और ना ही पास थे
फिर भी ख्यालों में ही सही
पी थी हमनें कुल्हड़ वाली चाय !

एक ही कुल्हड़ पर
होंठों की निशानियां थी दो
क्योंकि ,
पी थी हमनें कुल्हड़ वाली चाय!

सोंधी–सोंधी खुशबू
और कुल्हड़ की चाय की गर्माहट
महसूस करते तुम्हारी तलाश में पैदल ही
चल पड़े थे कदम अटल पथ की ओर !

बेली रोड में चिड़ियाघर के सम्मुख
पंचमुखी हनुमान मंदिर में भी
की थी प्राथनाएं और इंतजार !

तुम आओगे यह यकीन था
इसलिए हर मोड़ हर रास्ते पर
खड़ी हो किया इंतज़ार

क्योंकि पीनी थी साथ हमें कुल्हड़ वाली चाय !

और आखिर में
तुम मुझे मिल ही गए महेन्द्रू में,
पर हमने साथ में
नहीं पी कुल्हड़ वाली चाय!

क्योंकि तुम्हें ग्रीन टी पसंद है
और मुझे कुल्हड़ वाली चाय!

शिकायतें

मैंने लिख डाली
जिसके लिए पूरी किताब,
वो वक्त नहीं निकाल सका
चार लाइनें मेरे प्यार पर लिखने को!

मैं भूल गई
जिसके लिए अपना पूरा अतीत,
वो मिटा नहीं सका
अपनी नींदों से गैरों की यादों को!

मेरी आंखें बरसी
जिसके लिए दिन-रात,
वो समझ नहीं सका
मेरे अश्कों में छिपे प्रेम को!

मैंने खो दिया
जिसके लिए खुद को,
वो आज तक
ढूंढ नहीं पाया अपने अंदर मेरे वजूद को!

मैं चाहें कर लूं
जितनी भी शिकायतें उसकी,
वो मेरी धड़कनों की तरह
जरुरी रहेगा मेरी जिंदगी जीने को !

मुक्तक

1.

बहुत सी महिलाएं कवयित्री नहीं कहलायी
क्योंकि उनकी कविताएं छिपी रह गई
बंद अलमारियों के किसी कोने में पड़ी उन डायरियों में
जिसमें वो सबसे छिपते–छुपाते हुए लिखा करती थी!!!

2.

रंगे हुए कैनवास पर
मैं एक खाली तस्वीर हूं,
जो जी चाहे रंग दो
सिर्फ तुम्हारे ही रंगों की दरकार है मुझे!

3.

स्त्रियों की उपलब्धियां
कभी भी स्त्रियों के नाम ना रही,
कभी उसे पुरुषों द्वारा दी गई
आजादी का नाम दिया गया,
तो कभी उसे दैहिक सौन्दर्य से जोड़ा गया ...!

4.

'इंतजार' मुझे हमेशा हताशा व निराशा के गर्त में धकेल दिया करती है,
फिर भी मैंने हर बार तुम्हारे प्रेम में 'इंतजार' वाले विकल्प को ही चुना ....!

5.

भावुकता के पन्नों में
आंसूओं की कलम से
लिखा गया प्रेम संवाद
बस समंदर भरी आंखें ही पढ़ पाती है …!

6.

दुनिया भर की शिकायतों का पिटारा
खुलने से पहले ही
बंद हो जाया करती है,
जब तेरी नज़रों से
मेरी नज़रें मिल जाया करती है!

7.

आस्था के महापर्व में भी
मेरी आस्था सिर्फ तुम में ही समाहित है!
मेरा उदय, मेरा अस्त
सब तुम तक ही सीमित है ….!

8.

खुशियों की मधुशाला में
डूबी है सारी दुनिया,
और मैं लिख रही कविताएं गमे जिंदगी पर …!
हर खुशी पा कर भी
ऐ ज़िन्दगी तुझ से,
मैं लिख रही कविताएं अधूरेपन पर …!

9.

मुश्किलों भरा दौर है
गुजर जाएंगे!

बिखरे हुए हम है
सिमट जाएंगे!

तेरी यादों में कैद है
रिहा हो जाएंगे!

आंखों में दरिया है
बह ही जाएंगे!

तेरे होकर भी तेरे नहीं
अजनबी हो जाएंगे!

10.

परिपक्वता और अपरिपक्वता के बीच दोलन करता मेरा चंचल चित्त,
अक्सर हां, स्वयं के छद्म भेषों से साक्षात्कार करवाता है...!

11.

दो ही मौसम को जाना है मैंने
पतझड़ और बसंत...!
तुम्हारा जाना पतझड़
और तुम्हारा आना बसंत हैं...!

12.

कभी कभी सोचती हूं
कि इतनी सहनशक्ति कहां से आई मुझमें,
फिर याद आया
कि मैंने जन्म लिया उस पावनभूमि पर
जहां माँ सीता अवतरित हुईं
और सहनशीलता का दूसरा नाम तो सिया ही है!
सही कहा ना ...!!

13.

एक स्त्री कभी स्वतंत्र नहीं हो सकती है ...!
स्त्री और स्वतंत्रता की एक साथ परिकल्पना बेमानी है!!

14.

तू चांद सा है
आसमां के बांहों में सिमटा हुआ ...
और मैं धरती सी
बेबस बस निहारती तुझे ...
कभी तो क्षितिज की तरह मिल जाया करो ...
जहां आसमां और धरती एक हो जाते हैं!!!

15.

प्रेम पूर्णताओं में नही पनपता,
बल्कि यह अपूर्णताओं से शुरू होती है ...!

16 .

स्त्री देह के आकर्षण को
नियंत्रित करने का रिमोट
आविष्कृत होना चाहिए था ..!

इस अनियंत्रित आकर्षण ने
स्त्री-पुरुष के संबंधों को
मित्रता के उच्चतम आयामों तक
कभी नहीं पहुंचने दिया ...!

17 .

आज तुम्हारी निष्ठुरता देखी,
मेरी आंखों की नींद
जब तुम्हारे पलकों में कैद देखा ..!

18 .

प्रेम में तुम महावीर नहीं,
बुद्ध के "मध्यम मार्ग" सिद्धांत को अपनाना,
संबंधों की गर्माहट लंबी अवधि तक कायम रहेगी!

सही कहा ना!!

19 .

भावुकता का दौरा, दिल के दौरे से
ज्यादा खतरनाक है ...!

20.
मैं प्रारंभ और तू है अंत
जैसे जनवरी और दिसंबर!
एक नदी के दो तीर हम
जिसके विरहों का ना कोई अंत..!

21.
अपनी प्रियतमा के हाथों में
इस सर्द सुबह में,
चाय का प्याला देना,
होंठों पर दिए चुम्बन के तुलना में
अत्यंत प्रेमसिक्त होगा।

22.
मैं प्रेम से अनभिज्ञ थी,
उसने परिचित करवाया
और स्वयं अपरिचित बन गया...!

23.
तुमसे नाराज़गी हों या प्यार
ना छुपाना आता है,
ना ही जताना आता है!
मैं हूं उस झरने सी
जिसे ना बहना आता है
ना ही समुन्दर में मिलना आता है!

24.

किसने, कैसे और कब
ये क्यूं कहा कि प्रेम एक ही बार होता है..?
इसे पुनर्व्याख्यायित करने की आवश्यकता है!

हैं ना!!!

25.

तुम्हारी मौनता,
मेरे मन में वाचालता का संचार करती है...!

26.

परिपक्वता और अपरिपक्वता के बीच
संघर्षरत मेरा अंतर्मन
युद्ध-विराम का आकांक्षी हैं,
क्या तुम शांति दूत बनोगे मेरे...?

27.

प्रेम के उच्चतम आयामों को पाने की कोशिश में,
हर बार यह दिल ऐसे टूटता है,
जैसे दिल ना हो विखंडन का सिद्धांत हों...!

28.

उसकी फितरत से अंजान नहीं
फिर भी कैसे कह दूं
कि मुझे उसका इंतज़ार नहीं!

29.

मैं स्वयं में स्व की खोज में थी,
पर तुम्हारी मुस्कान ने
इस खोज की दिशा बदल दी
आज मैं स्वयं में तुम को खोज रही....!

30.

युवावस्था या प्रौढ़ावस्था मायने नहीं रखती,
घायल हृदय मलहम लगाने वाले
स्नेहसिक्त हाथों के प्रति प्रेम महसूस करता है!

हैं ना!!!

31.

तुम्हारी उपस्थिति
मेरे निराश मन के अंधेरे में,
एक जलते दीप के समान है!

32.

ना वो तुम रहे
ना वो मैं रही
जब खुल जाती थी
हर गांठ,हर बात
और खुश हो कर
मेरे होंठ ही नहीं
मेरी आंखें
और दिल भी
खिलखिलाया करते थे....!

33.

कल्पनाओं का सागर नहीं,
मुझे मेरे अस्तित्व का वो दर्पण चाहिए,
जिसमें मैं देख सकूं स्वयं की स्पष्ट छवि…
और कर सकूं अंतर
तुम्हारे द्वारा बनाए गए सुविधाजनक छवि से!

34.

ये मन शून्य में चला जाता है…
जब तू याद मुझे आता है!
फिर हंसी आती है मेरे अंतर्मन में…
तू शून्य ही तो है मेरे जीवन में!!

35.

बोझ जिम्मेदारियों का हो
या तेरी बेरुखी का हो,
दोनों ही वजहें काफी हैं
सारी रात जगाने को…!

36.

अंदर–बाहर सब कुछ
बिखरा–बिखरा सा है,
इस गमें जिंदगी में आजकल
सब–कुछ ठहरा –ठहरा सा है!

37.

ना जाने क्यों,
स्त्रियों के हिस्से ही आती हैं

बेहिसाब उलझनें !
और पुरुष झाड़ लेते हैं पल्ला
यह कहकर
कि तुम औरतें बहुत उलझी हुई होती हो !

38.

तुम्हारे प्रेम में
मैं उस मोड़ पर हूं
जहां से लौटना
और आगे बढ़ना
दोनों ही मुश्किल लग रहें !
ठीक वैसे ही,
जैसे पटना की व्यस्ततम ट्रैफिक को देखकर
मेरा सड़क किनारे रुक जाना !

39.

जो तकदीर में नही ,
उसे पाऊं कैसे ?
जो मुक़द्दर में लिखा है,
उसे मिटाऊं कैसे ?
जो साथ है
उसकी ख्वाहिश नहीं !
जो दिल में है
वो हासिल नही !
अब यह गमें जिंदगानी का किस्सा
सुनाऊं किसको ....!

40.

तुम्हारे गुलाब जैसे
गुलाबी होंठों के नीचे
जो यह कांटेदार दाढ़ियां है,
जिन्हें सर्दियों के मौसम में
अपने चेहरे पर सजावटी फूल की तरह
सजाये रखते हो !
कम से कम हफ्तें में एक बार
साफ कर लिया करो
अपने गुलाब के बगीचे को …!

41.

हमारे प्रेम में,
तुम सूरज हो
और मैं सूरजमुखी का फूल!

42.

हर सुबह
दिसंबर के महीने
यह ख्याल आता है कि
नौकरी से त्यागपत्र दे दिया जाएं
और बस कंबल तान कर सोया जाए …!

43.

कुछ भी तो स्थायी नही
इस दुनिया में !
फिर भी मैं रख रही हूं
स्थायित्व की आकांक्षा

तुम्हारे प्रेम में !

44.

ब्रह्माण्ड की विशालता लिए
तुम्हारा प्रेम,
मेरे हृदय में
निर्माण कर रही
ब्लैक होल का !

45.

मेरी आंखों में
गहरे काजल का होना
पसंद है तुम्हें...!

फिर यूं मेरी
आंखों में समंदर लाना
जायज तो नहीं...!

46.

लिखने को बहुत कुछ खूबसूरत है इस दुनिया में,
पर तुम्हारी हसीं मुस्कान से खूबसूरत कुछ भी नहीं है इस दुनिया में ...!
मुझे पसंद है तुम्हारी वो मुस्कान
जो तुम्हारे होठों से ज्यादा
तुम्हारी आंखों में झलकती है।

47.

प्रेम को परिभाषित करना
उसकी सीमाएं तय करने के बराबर है...!

प्रेम को अपरिभाषित रख उसे असीमित रहने दें!

48.

फूलों का स्पर्श भी
कांटों सा चुभता है,
जब मेरी खामोशियां
वो नहीं समझता है !

49.

पीड़ा में होता प्रेम है,
और प्रेम में पीड़ा बहुत हैं!

50.

उदासियों के जद.में
हर बार होती हूं,
जब भी तेरी बांहों के
घेरे से पार होती हूं!

51.

तेरी जुस्तजू आज भी है,
तेरी खुशबू सांसों में आज भी है,
तेरे सीने से लिपटकर,
तुझको महसूस करने की आरज़ू आज भी है...!

52.

प्रेम अविभाज्य था हमारा,
तुमने दशमलव की दीवार खड़ी कर विभाजित कर दिया!

53.

एक–दूसरे को समझने–समझाने की सौदेबाजी में
प्रेम का मूल्य गिरता जा रहा,
ठीक वैसे ही जैसे डॉलर के मुकाबले रुपए!!!

54.

मुस्कुराहट में तो सभी प्यार करते हैं
तुम उदासियों में करो तो मानें,
आवाज तो सभी सुन लिया करते हैं
तुम खामोशियां सुन लो तो मानें!

55.

काली घाट पर लगी टी स्टॉल से
ली थी हमने दो कुल्हड़ चाय,
वहीं पास ही गंगा की लहरों को देखते हुए,
पी थी हमने कुल्हड़ से चाय बंसी घाट पर!

मेरी ख्वाहिशें पूरी करने के खातिर
ग्रीन टी पीने वाले तुम्हारे होंठो ने
आखिर ले ही ली थी एक चुस्की कुल्हड़ से चाय की!

तब देखकर तुम्हें मन में एक ही ख्याल आया
कि काश! मैं होती एक कुल्हड़
और चाय के बहाने ही सही
पाकर तुम्हारे होठों का स्पर्श
मिल जाती इस धरा की गोद में
जो कि हैं, मेरे अस्तित्व का परिचायक!